Gert Wiescher

**BLITZKURS
IN TYPOGRAFIE**

Gert Wiescher

BLITZKURS IN **T**YPOGRAFIE
Schrift benutzen wie ein Profi

Die Informationen in diesem Buch sind ohne Rücksicht auf einen eventuellen Patentschutz. Eventuell vorkommende Warennamen werden benutzt, ohne daß ihre freie Verwendbarkeit gewährleistet werden kann.

Wir haben uns bei der Erstellung der Texte und Abbildungen allergrößte Mühe gegeben. Dennoch, dieses Buch wurde von Menschen gemacht, Fehler können also nicht vollständig ausgeschlossen werden. Weder Verlag noch Herausgeber oder Autoren können für fehlerhafte Angaben oder gar deren Folgen eine juristische Verantwortung oder irgendeine Haftung übernehmen. Über Verbesserungsvorschläge, Hinweise auf Fehler und jedwede qualifizierte Kritik freuen wir uns.

Alle Rechte, auch die der fotomechanischen Wiedergabe und der Veröffentlichung in elektronischen oder sonstigen Medien, behalten wir uns vor. Die gewerbliche Nutzung der in diesem Buch benutzten Beispiele, Modelle, Abbildungen und Ideen ist zwar nicht zu kontrollieren, aber untersagt.

Veröffentlicht im
Systhema Verlag, Frankfurter Ring 224, München
© 1992 Gert Wiescher
ISBN: 3-89390-446-8
Gestaltung: CCW-Wiescher,
Ismaningerstr. 71a, München
Gesetzt aus der New Baskerville 10/15'
und der Franklin Gothic Demi
Druck: Druckerei Kösel, Kempten
Printed in Germany

INHALTSVERZEICHNIS

EINLEITUNGEN
Über mich 9
Warum es dieses Buch gibt 11

SCHRIFTZEICHEN
Buchstabenteile (Fachbegriffe) 12
Punkte oder Millimeter 14
Nachschlagegrößen 15
Lesegrößen 16
Kleine Überschriften 17
Das Testwort 18
Ligaturen 21
Schriftklassifikation 23
Ausländer 23
Andere 24
Groteskschriften 24
Antiquaschriften 25
Frakturschriften 27
Dickengleiche Schriften 28
TrueType Postscript 29
Großbuchstaben 30

Kleinbuchstaben 31
Kapitälchen (Small Caps) 32
Kursiv, Italic, Oblique 33
Halbfett, Fett, Extrafett 36
Schmal, Condensed 39

ZAHLEN & ZEICHEN

Die Sonderzeichen 44
Zahlen 46
Ziffern (Medievalziffern) 47
Das Nicht-Zeichen oder der Einzug 48
Punkt 49
Komma 50
Doppelpunkt 50
Semikolon 51
Auslassungspunkte 51
Fragezeichen 51
Ausrufungszeichen 52
Apostroph 52
Klammern 52
An- und Abführungszeichen 53
Bindestrich 54

Gedankenstrich 55
Prozent- und Promillezeichen 56
Et-Zeichen 56
Währungszeichen 56
Gradzeichen 58
Paragraphenzeichen 58
Unterführungen 58
Bruchziffern 59
Exponenten 59

Abstände

Zurichtung 61
Laufweite 62
Buchstabenabstand 63
Wortzwischenraum 65
Ein- und Ausbringen 66
Zeilenlänge, Zeilenabstand 69
Überhängende Interpunktion 71
Hinweis auf den Einsatz der 73
NegativerSatz, Satz auf Grau- und Farbtönen 74
Die Satzweise von Zahlen 76
Tabellensatz 78

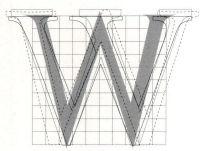

Wenn man die Konturen desselben Buchstabens in mehreren Schriften übereinanderlegt, ist man überrascht, wie stark selbst ähnliche Schriften sich in ihrer Form unterscheiden!

EINLEITUNGEN

ÜBER MICH

Wahrscheinlich war mein Vater der einzige konfessionslose Kirchenmaler, den es je gab. Leider hat er bis auf mich keine großen Meisterwerke hinterlassen!

Ohne Schaden zu nehmen, habe ich mich durch Kindheit und Schule gemogelt. Mit vierzehn bin ich zum erstenmal nach Paris durchgebrannt, der Kunst zuliebe. Mit achtzehn Jahren war ich schon zum Porträtisten auf dem »Place du Têrtre« am Montmartre avanciert. Ich lernte einige große Kollegen kennen, wie Salvadore Dali und Bernard Buffet. Keiner nahm besonders viel Notiz von mir!

Irgendwann habe ich ein Grafikstudium an der HdK in Berlin eingeschoben. Während des Studiums hatte ich meine Op-Art-Periode, und ich betrieb ich einen Posterverlag.

Ich reiste dann sehr viel. Paris, Barcelona, Johannesburg. Überall arbeitete ich in Werbeagenturen. Von allen möglichen Inseln, von Mauritius vor dem Tourismus bis Madagascar nach der Revolution, gibt es kaum eine Insel auf der südlichen Halbkugel, die ich nicht heimgesucht hätte. In jenen Jahren habe ich aus so ziemlich jeder Produktgruppe einen Kunden betreut. Von A wie Agfa bis

Z wie ZF-Getriebe gab es fast keine Produktgruppe, die ich nicht grafisch bzw. werblich bearbeitet hätte. Ich war und bin eigentlich ein richtiger »Hans-Dampf-der-Gestaltung«.

Irgendwann kam ich auf Urlaub nach München, ich bin einfach dageblieben. Und irgendwann kam ich auf meinen ersten Mac. Seitdem schreibe ich neben der normalen Arbeit auch noch Bücher und Artikel über Gestaltung.

Seit einiger Zeit habe ich nun wieder ein Büro für Werbung und Gestaltung in München. Wir arbeiten für alle möglichen und unmöglichen Kunden. Außer Zeitschriften machen wir Grafik, Illustration, Gestaltung, Werbe- und Marketingberatung, Laden- und Messegestaltung und vieles mehr.

Wir versuchen, das meiste mit dem Computer zu erledigen, das geht besser und schneller als von Hand.

Meistens!

WARUM ES DIESES BUCH GIBT

Bis vor kurzem war der Umgang mit Schrift, genannt Typografie, nur einigen wenigen Fachleuten möglich. Mittlerweile hat sich die Zahl der »Typografen« erheblich vermehrt, nicht zuletzt wegen einiger leistungsstarker Computer aus dem Hause Apple. Der Rest der Computerwelt, die anderen 95-99%, finden erst dieser Tage dank Microsoft-Windows und TrueType zur Schrift bzw. Typografie. Seitdem häufen sich die gar schrecklich gestalteten Publikationen. Mehr noch als in den Anfängen des Macintosh, denn es gibt ja erheblich mehr Computerbesitzer in dieser, mir relativ befremdlichen, »DOS-Windows-Welt«.

Ich möchte gern ein bißchen Licht in jenes Dunkel bringen, das die Geheimnisse der »Schwarzen Kunst« und besonders der Typografie umgibt. Denn Computer sollen ja nicht dazu beitragen, daß die Menschheit in Zukunft mit schlecht gestalteten Druckerzeugnissen leben muß. Mit dem Computer, mit welchem auch immer, kann man genauso gute Grafik und Typografie machen wie damals, vor hellgrauer Vorzeit, von Hand oder per Fotosatz.

Der »Mac-Welt« gefallen meine Bücher, vielleicht wird das bei der »Windows-Welt« nun auch so.

SCHRIFTZEICHEN

Unter dem Oberbegriff Schriftzeichen behandle ich alles das, was für den Umgang mit den Buchstaben, also den Schriftzeichen als Ganzes, wichtig ist. Jetzt könnte man sagen, daß eine Ziffer auch ein Schriftzeichen ist, aber ich sehe das anders, deswegen habe ich denen ein eigenes Kapitel gewidmet.

BUCHSTABENTEILE (FACHBEGRIFFE)

Wie in jedem Metier, so gibt es auch bei denen, die mit Schrift umgehen, eine ganze Menge Fachbegriffe, die man eigentlich alle kennen sollte. Aber ich möchte Sie verschonen und hier nur die anführen, die ich zur besseren Verständigung mit Ihnen benötige.

Es handelt sich fast ausschließlich um Teile von Buchstaben, die im Laufe der Zeit eigene Namen bekommen haben.

Daß die Größe einer Schrift typografisch in Punkt angegeben wird, das muß ich Ihnen sicher nicht mehr beibringen, sonst hätten Sie sich dieses Buch bestimmt gar nicht erst gekauft.

Ich habe alle Begriffe, die ich für wichtig halte, in nebenstehender Illustration zusammengefaßt.

Falls Sie sich wundern, daß ich nicht alle Beispiele in der gleichen Schrift gemacht habe, die Antwort ist ganz einfach: es geht nicht. Groteskschriften haben z.B. keine Serifen und Antiquaschriften so gut wie keine Zierstriche.

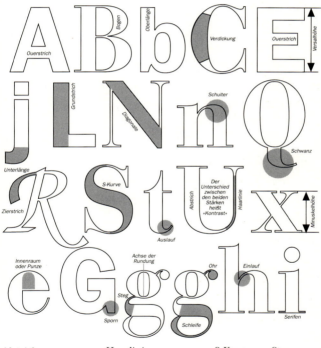

Abstrich	*Haarlinie*	*S-Kurve*	*Steg*
Achse der Rundung	*Innenraum (Punze)*	*Schleife*	*Unterlänge*
Auslauf	*Minuskelhöhe*	*Schulter*	*Verdickung*
Bogen	*Oberlänge*	*Schwanz*	*Versalhöhe*
Diagonale	*Ohr (schlappes Ohr)*	*Serife*	*Zierstrich*
Grundstrich	*Querstrich*	*Sporn*	

PUNKTE ODER MILLIMETER?

Jeder, der anfängt mit Schrift umzugehen, muß eine neue Maßeinheit lernen. Das kann ich Ihnen leider nicht ersparen! Es handelt sich um den typografischen Punkt. Die große internationale Vereinigung der Schriftentwerfer ATYPI versucht zwar mit allen Mitteln, den Punkt aus der Welt zu schaffen, aber er hält sich hartnäckig.

Ein deutsch-französischer Punkt mißt 0,376 mm und ein englisch-amerikanischer Point 0,351 mm. Wegen diesen 0,025 mm irreführender Differenz ist es kein Wunder, daß man beide Punkte gerne los wäre.

Aber 12 Punkt sind eine besser vorstellbare Größe als 4,513 mm, deswegen wird sich der gute alte Punkt bestimmt noch eine Weile halten.

Außerdem basieren die Punkte, die man auf den Computern verarbeitet, sowieso auf dem »Angloamerikaner«.
Die folgenden Punktgrößen sollten Sie sich merken:
6, 7, 8 und 9 Punkt als »Nachschlagegrößen«.
10, 11 und 12 Punkt als »Lesegrößen«.
16, 18 und 24 Punkt für »kleine Überschriften«.
36, 48 und 72 Punkt für »große Überschriften«.

Mit diesen 12 Größen ist man allgemeinhin gut bedient, es sei denn, man hat ganz außergewöhnliche Dinge vor.

NACHSCHLAGEGRÖSSEN

6/9 Punkt New Baskerville
6 Punkt = 1,1 mm

Dies ist Blindtext. Er ist nur dazu da, um zu zeigen, welchen Eindruck der endgültige Text einmal machen wird. Blindtext hat außerdem den Vorteil, daß man daran ganz genau auszählen kann, wie viele Buchstaben einmal an seiner Stelle stehen werden, so muß man nicht auf Verdacht texten. Dies ist

7/10 Punkt New Baskerville
7 Punkt = 1,3 mm

Dies ist Blindtext. Er ist nur dazu da, um zu zeigen, welchen Eindruck der endgültige Text einmal machen wird. Blindtext hat außerdem den Vorteil, daß man daran ganz genau auszählen kann, wie viele Buchstaben an seiner Stelle stehen werden, so muß man nicht auf Verdacht texten. Dies

8/11 Punkt New Baskerville
8 Punkt = 1,5 mm

Dies ist Blindtext. Er ist nur dazu da, um zu zeigen, welchen Eindruck der endgültige Text einmal machen wird. Blindtext hat außerdem den Vorteil, daß man daran ganz genau auszählen kann, wie viele Buchstaben einmal an seiner Stelle stehen werden, so muß man

9/12 Punkt New Baskerville
9 Punkt = 1,6 mm

Dies ist Blindtext. Er ist nur dazu da, um zu zeigen, welchen Eindruck der endgültige Text einmal machen wird. Blindtext hat außerdem den Vorteil, daß man daran ganz genau auszählen kann, wie viele Buchstaben einmal an seiner Stelle stehen werden, so muß man nicht auf Verdacht texten. Dies ist Blindtext. Er ist

9/14 Punkt New Baskerville
9 Punkt = 1,6 mm

Dies ist Blindtext. Er ist nur dazu da, um zu zeigen, welchen Eindruck der endgültige Text einmal machen wird, Blindtext hat außerdem den Vorteil, daß man daran ganz genau auszählen kann, wie viele Buchstaben einmal an seiner Stelle stehen werden, so

LESEGRÖSSEN

10/13 Punkt
New Baskerville
10 Punkt = 2 mm
Dies ist Blindtext. Er ist nur dazu da, um zu zeigen, welchen Eindruck der endgültige Text einmal machen wird. Blindtext hat außerdem den Vorteil, daß man daran ganz genau auszählen kann, wie viele Buchstaben einmal an seiner Stelle stehen werden, so muß man nicht auf Verdacht texten. Dies ist Blindtext. Er ist nur

11/13,5 Punkt
New Baskerville
11 Punkt = 2,5 mm
Dies ist Blindtext. Er ist nur dazu da, um zu zeigen, welchen Eindruck der endgültige Text einmal machen wird. Blindtext hat außerdem den Vorteil, daß man daran ganz genau auszählen kann, wie viele Buchstaben einmal an seiner Stelle stehen werden, so muß man nicht auf Verdacht te

12/14 Punkt New Baskerville 12 Punkt = 3 mm
Dies ist Blindtext. Er ist nur dazu da, um zu zeigen, welchen Eindruck der endgültige Text einmal machen wird. Blindtext hat außerdem den Vorteil, daß man daran ganz genau auszählen kann, wie viele Buchstaben einmal an seiner Stelle stehen werden, so muß man nicht auf Verdacht texten.

KLEINE ÜBERSCHRIFTEN

16 Punkt = 3,5 mm
Dies ist Blindtext. Er ist nur dazu da,
18 Punkt = 4 mm
Dies ist Blindtext. Er ist nur dazu
24 Punkt = 5 mm
Dies ist Blindtext. Er ist n

GROSSE ÜBERSCHRIFTEN

36 Punkt = 9 mm
Dies ist Blindtext

48 Punkt = 12 mm
Dies ist Blind

72 Punkt = 18 mm
Dies ist B

DAS TESTWORT

Man könnte fast meinen, alle Schriften kämen aus Hamburg, denn immer wieder trifft man auf dieses kuriose »Hamburgefonts«. Es handelt sich aber eigentlich nur um das Testwort eines ganz bestimmten Schriftenverlages (URW). Wenn es beabsichtigt wäre, könnte man das für cleveres Marketing halten, in Wirklichkeit ist es aber mehr oder weniger Zufall. Die Buchstaben dieses Wortes beinhalten so ziemlich alle Formen, die bei der Gestaltung einer Schrift wichtig sind, deshalb benutzen die meisten Schriftentwerfer dieses oder ein ähnliches Wort. Aus einem vergleichbaren Grund wurde übrigens auch der Satz »The quick brown fox jumps over the lazy dog« bekannt. Dieser Satz beinhaltet alle Buchstaben des (englischen) Alphabets bei nur wenigen Wiederholungen.

Alternative zum schnellen braunen Fuchs: »oh, welch zynixmus, quiekte xavers jadegrüne bratpfanne«

Die Buchstaben »H« und »m« benutzte man früher gemeinhin als Zurichtebuchstaben. Nach diesen Buchstaben wurde die gesamte Schrift ausgerichtet. Die Innenräume dieser beiden Buchstaben sind gewissermaßen der Durchschnitt, an dem sich der Rest zu orientieren hat. Manche Entwerfer bevorzugen übrigens das »n« anstelle des »m«. Deswegen entwerfe ich z.B. »Hanburgefömts«!

Entwurfskizzen von Bernd Möllenstedt zur »Formata Medium«.

Das »H« bestimmt das Verhältnis von Grundstrich zu Haarstrich, in diesem Falle der Querstrich. Das kleine »a« ist ein besonders leicht zum Klecksen neigender Buchstabe, denn es hat einen besonders kleinen Innenraum (Punze). Mittels des »b« hat man festgelegt, wie groß die Oberlängen der Kleinbuchstaben im Verhältnis zu den Großbuchstaben

Entwurfskizze zur »Formata Light« ebenfalls von Bernd Möllenstedt.

werden. Das kleine »g« ist ein extrem empfindlicher Buchstabe und für mich immer der, an dem ich am längsten herumfummle. Es ist ein gnadenloser Gradmesser für die Fähigkeiten des Schriftentwerfers. Die meisten Groteskschriften haben dieses Problem übrigens nicht, sie haben ein einfaches »g«. Wäre noch wichtig das »e«, wegen der sehr kleinen Punze, die besonders bei der derzeit sehr beliebten Garamond entsteht. Und nicht zu vergessen das »f«, das durch seinen oberen Bogen leicht dazu neigt, in den Nachbarbuchstaben hineinzuragen.

Aber warum ist das alles eigentlich für Sie wichtig? Nun, wenn man nicht weiß, worauf man achten muß, nämlich auf die Löcher und die Verengungen, die durch Buchstaben entstehen können, dann kann man auch keine gute Typografie machen. Gute Typografie ist nämlich nichts weiter als das fortgesetzt erfolgreiche Vermeiden von Löchern und Verengungen.

LIGATUREN

Ligaturen sind leider eine sehr vernachlässigte Buchstaben-Spezies. Es handelt sich dabei um die erfolgreiche Verknüpfung von meistens zwei, manchmal aber auch drei und mehr Buchstaben. In den Setzkästen besonders guter Setzereien fand man früher unvorstellbar viele Ligaturen. Es gab sogar gesonderte Kästen für Ligaturen.

Durch die Normierung der Computerschriften sind sie leider fast ausgestorben. Es gibt jedoch einige verantwortungsvolle Schrifthersteller, die noch sogenannte »Expert-Fonts« herausgeben, die die wichtigsten Ligaturen beinhalten.

Am bekanntesten ist die in Deutschland allseits beliebte Ligatur »ß«. Es handelt sich dabei um die Verbindung von einem langen und einem runden s, diese Verbindung kommt aber nur in Deutschland vor. Früher gab es »æ«, »Æ«, »œ«, »Œ«, »fi«, »fl« und viele andere dieser erfolgreichen Verbindungen, die die Schrift erst richtig schön machen. Heutzutage finden Sie im besten Fall noch die eben erwähnten. Aber es gibt für manche Schriften sogenannte »Expertfonts«, die z.B. echte Kapitälchen und auch mehr Ligaturen haben. Besonders viel ist das nicht gerade!

Für den Gebrauch von Ligaturen gibt es relativ sinnvolle Vorschriften. Sto*ff*, Sto*ff*e, Schri*ft*, au*ffl*iegen, aber nicht au*fl*egen. Ligaturen sind bei Silbentrennungen unbedingt zu vermeiden. So wäre Tro*pffl*asche mit zwei Paar-Ligaturen (*pf* und *fl*) möglich, aber nicht Kno*pfl*asche, denn man würde wieder eine Silbentrennung »überligatüren!!«.

Die Satzregeln für Ligaturen sind übrigens alle im Duden zu finden. Der Duden ist für uns »Neutypografen« übrigens immer wieder die reinste Fundgrube. Es lohnt sich, da öfters mal hineinzuschauen. Tue ich zwar nicht, aber ich habe ja schließlich auch einen Lektor!

Bei den Frakturschriften ist der Gebrauch von Ligaturen übrigens »de rigeur«. Jede »Nicht-Ligatur« z.B. beim ch, ck, oder tz wäre ein richtiger Satzfehler. Aber wen interessieren schon Frakturschriften. Ich verwende sie lediglich für irgendwelche rechtsradikalen Überschriften. Aber der Rechtsratzikahlismus soll ja wieder stark in Mode gnomen! Alles Radikohl, oder was?

CACEAFAFRGAHTKA
LALLNTRRRASSTTHUT

Beispiele von Ligaturen der Original-Avantgarde-Schrift. Leider hat die DTP-Version diese Ligaturen nicht!

SCHRIFTKLASSIFIKATION

Eigentlich ist es müßig zu versuchen, Schrift überhaupt zu klassifizieren, denn es gibt eigentlich keine wirklich sinnvolle Vorgehensweise. Ich will es trotzdem wieder mal versuchen. Diese Klassifikation hilft Ihnen bestimmt, ein bißchen besser zu verstehen, was Schrift ist.

Grundsätzlich gibt es zwei Arten von Schriften, die mit Füßchen und die ohne. Die Füßchen nennt man »Serifen«, das wissen Sie ja schon aus dem Vorangegangenen. Die mit den Serifenfüßchen, wenn's denn sein muß, werden in der Regel unter dem Oberbegriff »Antiquaschriften« zusammengefaßt. Die ohne Serifen unter dem Oberbegriff »Groteskschriften«. Logischerweise gibt es aber nun noch Schriften, die in keine der beiden Kategorien passen, die nenne ich einfach die »Anderen«. Jetzt haben wir also schon drei Kategorien. Zu guter Letzt gibt es noch die, die da auch nicht reinpassen, das sind die ausländischen Schriften, die interessieren uns hier nicht besonders, aber ich will sie mal einfach »Ausländer« nennen.

AUSLÄNDER

»Ausländer« sind für mich z.B. kyrillische, griechische, chinesiche, japanische Schrift usw.

*Die von uns neugestaltete
New Yorker-Type.*

ABCDEFGHI
JKLMNOPQR
STUVWXYZ
1234567890
!"§$%&/()?

ANDERE

»Andere« sind: Schreibschriften aller Art, gotische, rundgotische, schwabacher, Fraktur, Fraktur-Varianten und alle dekorativen Schriften. Die allseits beliebte *Freestyle* gehört als Schreibschrift genauso dazu wie unser NEW YORKER-REVIVAL.

GROTESKSCHRIFTEN

Grotesk sind: Alle Schriften die aussehen wie die **Helvetica**, in Wirklichkeit aber viel besser sind. Da wäre als mein Lieblingsbeispiel die **Franklin Gothic**. Als leider sehr beliebte Groteskschrift auch nicht zu beachten ist meiner Meinung nach die **Avant Garde**, denn es gibt wirklich besser lesbare Groteskschriften. Sogar mein OCR-Programm hat mit dieser pseudoavantgardistischen Gurke Schwierigkeiten! Dagegen lobe ich die **Futura** in jeder nur erkennbaren Form, denn die unterschiedlichen Oberlängen der Kleinbuchstaben bieten dem Auge Halt.

Derzeit ist meine Lieblingsgroteske die **Frutiger**, aber das kann sich schnell ändern.

Eine Schrift, die auf jeden Fall der Helvetica vorzuziehen wäre, ist die **Akzidenz Grotesk**. Sie ist praktisch die förmliche Mutter der Helvetica.

ANTIQUASCHRIFTEN

Antiquaschriften (die mit den Füßchen) sind: Diese Schrift hier, auf der Sie schon die ganze Zeit herumlesen, die »New Baskerville«. Dann ist da als wahrscheinlich erfolgreichste Antiqua der Neuzeit die Times, die tatsächlich für die Londoner Times entworfen wurde, und eine ausgezeichnete und robuste Allwetterschrift ist. Ich könnte allein mit der Times typografisch überleben, ehrlich!

Aber gerade bei den Antiquaschriften ist eine feinere Klassifikation angebracht, wenn wahrscheinlich auch kein Mensch daran interessiert ist. In schneller Reihenfolge sind sie in folgende fünf Untergruppen einzuteilen.

Renaissance Antiqua

Erscheinen zuerst ungefähr 1470 in Venedig. Sie sind aus den geschriebenen Schriften des Mittelalters als Satzschriften entstanden. Der Kontrast ist hier sehr klein. Damit ist der Unterschied in der Strichstärke von Abstrich zu Aufstrich gemeint. Die Serifen sind rund angesetzt. Typische Vertreter dieser Schriftart sind Garamond, Palatino.

Barock- oder Übergangs-Antiqua

Das hervorstechendste Merkmal dieser Schriften sind die stärkeren Unterschiede in den Strichstärken, die Schriften haben mehr Kontrast. Diese hier, die Baskerville, genauso wie die Times sind zwei typische Vertreter dieser robusten Gattung. Barock-Antiquas sind in der Regel hervorragend geeignet für den Satz von Büchern.

Klassizistische Antiqua

Bei dieser Gattung ist der Kontrast auf den Höhepunkt getrieben. Das beste und hervorstechendste Beispiel ist die »Bodoni«. Die Achsen der Rundungen stehen im Gegensatz zu den schrägliegenden Achsen der älteren Antiqua-Genossen absolut senkrecht. Diese Schriften sind alle sehr elegant.

Serifenbetonte Antiqua

Bei diesen Schriften ist alles praktisch gleich dick, der Aufstrich, der Abstrich und die Serifen. Typisch für diese Schriftgattung ist die Rockwell, aber auch unsere QuickType könnte man dieser Gruppe zurechnen.

Serifenlose Antiqua (Das sind die Groteskschriften)

An dieser Stelle möchte ich noch ein bißchen Werbung machen für zwei gute Groteskschriften, die **Stone** vom Ex-Adobe Creative-director Summner Stone und die Formata vom Leiter des (ehemals) Berthold-Schriftenlabors Bernd Möllenstedt.

Es gibt viele wirklich gute Groteskschriften, man kann getrost die fade Helvetica aus dem Computer entfernen.

FRAKTURSCHRIFTEN

Wenn man tatsächlich einmal Frakturschriften als Text verwenden will, dann sollte man wissen, daß dabei ein paar Sonderregeln einzuhalten sind.

Als erstes sind da die bereits erwähnten Ligaturen. Die folgenden müssen unbedingt eingesetzt werden: »ch«, »ck«,» sch«,» si«,»ss«, »ß«, »st« und »tz« sowie »ff« und »fi«. Leider sind in den meisten STP-Fonts nur wenig Ligaturen, deswegen können wir Ihnen nicht alle zeigen.

Als Auszeichnung benutzt man nicht hauptsächlich einen kursiven Schnitt, sondern man sperrt die Schrift leicht. Aber bitte auf keinen Fall Leerstellen benutzen, die sind viel zu groß! »ch«, »ck«, »ß« und »tz« werden nicht gesperrt, sie werden wie ein Buchstabe behandelt.

Last, but not least ist die Verwendung des langen »ſ« beim Frakturſatz unbedingt erforderlich! Das runde »s« ist eher die Ausnahme! Am Wortende steht jedoch immer das runde »s«.

Doppel-»ss« wird aus zwei langen»ſ«geſetzt. Wenn in einem Wort zwei »s« vorkommen, die einen Auslaut und einen Anlaut formen, dann wird erst das runde »s« und anschließend das lange»ſ« eingesetzt (aussaugen).

Überhaupt wird fast in jedem Fall das lange »ſ« benutzt. Nur bei zusammengesetzten Worten »Hundstage« benutzt man das runde »s«.

Fließtext in Schoensperger Proportional, von Manfred Klein.

27

DICKTENGLEICHE SCHRIFTEN

Courier

Dicktengleiche oder »monospaced« Schriften sind exakt dasselbe. Bei dieser Art von Schriften handelt es sich um eine Spezies, die speziell für die Schreibmaschine erfunden wurde. Schreibmaschinen konnten nämlich, da mechanisch, ihren Wagen immer nur um eine »Einheit« weiterrücken. Das gilt auch für Schreibmaschinen die schon mit einem Typenrad oder Kugelkopf arbeiteten!

Generell ging man bei der Festlegung der Standarddickte vom »M« aus. Das »M« ist nämlich in der Regel der breiteste Buchstabe des Alphabets. Alle anderen Buchstaben bekamen den gleichen Raum zugeteilt. Dadurch sieht das Schriftbild einer dicktengleichen Schrift immer ziemlich holperig aus. Bei einer guten Satzschrift wird unendlich viel Zeit und Mühe

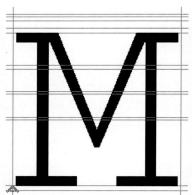

Wie die beiden Bildschirm-Fotografien von der Courier zeigen, stehen beide Buchstaben auf der gleichen »Dickte« (dargestellt durch senkrechte Striche).

darauf verwendet, genau diese Holprigkeit durch exakte Zurichtung und paarweisen Ausgleich zu vermeiden.

Einen entscheidenden Vorteil haben dicktengleiche Schriften allerdings gegenüber ihren ausgeglichenen Kollegen: Sie eignen besser zum Tabellensatz. Tabellensatz mit dicktengleichen Schriften ist ein Traum.

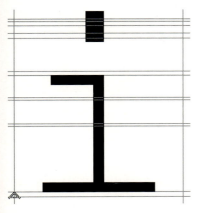

Als Beispiel für diese Spezies möchte ich die »Courier« anführen. Auf den meisten Computern ist dieses Relikt aus der Schreibmaschinenära zu finden. Es wurde absichtlich als dicktengleiche Schrift erhalten.

Ich möchte an dieser Stelle noch darauf hinweisen, daß PostScript-Schriften qualitativ besser sind als TrueTypes. Ganz wichtig erscheint mir auch die Tatsache, daß die Schriften des HP-Laserwriters nicht für die Satzbelichtung auf hochwertigen Maschinen geeignet sind. Ambesten benutzen Sie *ausschließlich* PostScript-Schriften, ich tue das auch!

GROSSBUCHSTABEN

Die heute gebräuchlichen Großbuchstaben haben sich aus der alten Schrift der Römer entwickelt. Man bewundert gemeinhin die Inschrift auf der Säule des Trajan in Rom als das klassische und schönste Beispiel römischer »Capitalis Monumentalis«. Wir haben diese Schrift für mein Design-Büro neu gezeichnet und setzen sie hier und da erfolgreich ein. Aber natürlich setzen wir nie mehr als ein, zwei Worte damit. Großbuchstaben sind einfach zu schlecht lesbar, als daß man sie für Text benutzen könnte. Deswegen ist auch dringend von dieser Unsitte abzuraten, Großbuchstaben als Auszeichnungsschrift zu verwenden. Sollte man jedoch nicht daran vorbeikommen, dann sollte man sie ungefähr 10% kleiner setzen als den restlichen Text.

C, D, G, O und Q sollten paarweise ausgeglichen werden, da sie sonst Löcher in den Text reißen, das gilt natürlich auch für alle L-, J-, Y- und X-Kombinationen. Insgesamt muß man Text, der aus Großbuchstaben gesetzt ist, leicht sperren (spationieren). Die Lesbarkeit verbessert sich dadurch erheblich.

Text aus Großbuchstaben benötigt übrigens auch mehr Fläche. Aber Sie werden bestimmt NIEMALS Text aus Großbuchstaben benutzen, darum ist das alles sowieso egal!

KLEINBUCHSTABEN

Die Entstehung der Kleinbuchstaben läßt sich schon an dem Fachbegriff »Minuskel« erahnen. Sie entstanden, bzw. er wickelten sich aus der »karolingischen Minuskel«. Das stimmt allerdings nicht so ganz. Angefangen hat alles damit, daß die Römer unbedingt schnell schreiben wollten und die römische Kursivschrift entwickelten. Andererseits gab es bereits die Halbunziale. Aus diesen beiden entwickelten sich unsere Kleinbuchstaben und bekamen dann ihren endgültigen Schliff durch besagte karolingische Minuskel, zumindest der Name blieb hängen.

Kleinbuchstaben sind leichter, viel leichter zu lesen als Großbuchstaben, denn an ihren Ober- und Unterlängen kann sich das Auge festhalten. Wir lesen nämlich keine einzelnen Buchstaben sondern Wortbilder, deswegen lesen wir auch schneller, je mehr wir lesen. Und Wortbilder, oder besser Wort-teil-bilder, sind umso leichter zu erfassen, je typischer sie sind. So ist z.B. »typisch« ganz leicht zu lesen, eben weil es ein sehr typisches Wortbild ist.

Bis zum 15. Jahrhundert haben sich übrigens die Klein- und Großbuchstaben zu unserer heutigen Schrift zueinander hin entwickelt. Seitdem hat sich aber nicht mehr viel Entscheidendes getan. Schade eigentlich!

KAPITÄLCHEN (SMALL CAPS)

Kapitälchen sind Kleinbuchstaben, die aussehen wie Großbuchstaben. Was man heutzutage so an Kapitälchen vors Auge bekommt, hat mit dem Original eigentlich nichts gemein. Denn früher wurden diese kleinen Gernegroßbuchstaben speziell entworfen. Heute nimmt man in der Regel Großbuchstaben, läßt den ersten Buchstaben in der Originalgröße und verkleinert einfach die anderen (Kleinbuchstaben) auf ungefähr siebzig Prozent. Dadurch werden diese viel zu dürr, besonders im Zusammenklang mit den normal proportionierten großen Anfangsbuchstaben. Aber es gibt auch hier Expert-Fonts, die echte Kapitälchen anbieten. Unsere NEW YORKER-REVIVAL ist übrigens auch eine echte Kapitälchen-Schrift!

Wie bei den Großbuchstaben ist auch hier zu bemerken, daß KAPITÄLCHEN schwerer lesbar sind als gemischter Satz. Kapitälchen sollte man für alle Arten von Namen, für sehr feierliche oder sehr edle Einladungen einsetzen. Ansonsten sind Kapitälchen zu nichts recht zu gebrauchen.

Momentan sind Kapitälchen in Mode, die besonders schwer zu lesen sind. *FETT, CONDENSED, SCHATTIERT IN BESONDERS HÄSSLICHEN SCHIEFEN GROTESKSCHRIFTEN!*

Kursiv, Italic, Oblique

Kursiv, Italic, Oblique sind nur drei verschiedene Ausdrücke für dasselbe, nämlich schräge Schrift. Aber wie immer in der Typografie ist es auch hier nicht ganz so einfach. Echte Kursivschriften sind nicht einfach schräggestellte Normalschriften, sondern sie wurden eigens als Kursive entworfen. Griffo, jener geniale Schriftentwerfer aus Venedig, entwarf die erste Kursivschrift für den Verleger Aldus Manutius, der übrigens Namenspatron von »PageMakers« Mutterfirma »Aldus« ist.

Die Schräglage einer »normalen« Kursiven hat ungefähr eine 12% Rechtsneigung. Wie man an dem schrägen Foto von Thomas sehen kann, ist das noch zu vertreten.

Kursivschrift ist und bleibt die erste Wahl zur

Nimmt die Neigung aber zu und wird zudem noch zusammengepreßt, dann sieht das nicht mehr so gut aus. Daran sollten Sie denken, wenn Sie Schrift schräger machen, als sie sowieso schon ist!

Hervorhebung innerhalb eines Textes. Man nennt diese Hervorhebungen übrigens »Auszeichnungen«. Folglich ist die Kursive die Auszeichnungsschrift, die wir in der ersten Hierarchie anwenden sollten. Als zweite bieten sich die Kapitälchen an. Erst danach sollte man fette und Versalien benutzen. Am allerbesten sollte man aber mit einer einzigen auskommen. Die Kursive zwingt den Leser zum langsameren Lesen, ohne ihn zum Stillstand (sprich: Buchstabieren) zu bringen.

Strenggenommen benutzt der gediegene Satzkundige Kursive nur zur Auszeichnung von Eigennamen oder Literaturverweisen und für fremdsprachliche Begriffe oder Zitate. Aber diese Einschränkung ist schon längst der allgemeineren Verwendung gewichen.

Wenn man die Kursive als Brot- oder Fließtextschrift benutzt, dann zeichnet man sie übrigens umgekehrt mit dem normalen Schnitt aus. Das ist leicht zu merken!

Allerdings sind längere Texte, die aus der Kursiven gesetzt sind, momentan nicht besonders modern. Sie wird lediglich zum Satz von Bildunterschriften oder Marginalien (Randnotizen) benutzt.

Sehr schön ist der Unterschied zwischen einer künstlich schräggestellten Antiquaschrift und der echten Kursiven zu demonstrieren.

So sieht die echte Kursivschrift aus.
So sieht der falsche »Fuffziger« aus.

Als ich anfangs behauptete, alle drei Begriffe bezeichneten dasselbe, da war ich nicht ganz ehrlich. Oblique bezeichnet eigentlich eine künstlich erzeugte Kursivschrift. Aber so genau kann man das auch nicht immer sagen, die Franzosen nennen ihre Kursiven nämlich auch dann Oblique, wenn es echte Kursive sind. Allerdings sagen Sie auch manchmal Italique, wenn es falsche sind. Damit wäre die Verwirrung perfekt. Aber die Falschen erkennt man ja eigentlich sofort. Warum also die Aufregung?

HALBFETT, FETT, EXTRAFETT

Bis zu einem gewissen Grad kann man alles aufblasen, ohne daß es unkenntlich wird, sogar den Thomas.

Wenn man sich aber daran macht, eine Schrift oder, wie in unserem Falle, ein Gesicht künstlich zu verbreitern, dann sieht das sehr schnell nach doppelseitiger Zahnentzündung aus. Tun Sie's nicht, das tut weh!

Adrian Frutiger, der Entwerfer der gleichnamigen Schrift, hat unter anderem auch die »Univers« entworfen. Für die Schrift erfand er eine Gewichtungsklassifikation für Schriftschnitte. Er numerierte seine Schriften, um endlich dem Dilemma »wie beschreibe ich die Strichstärke einer Schrift präzise« zu entkommen. Diese Numerierung wurde zwar für die Univers von den Schriftanwendern angenommen, hat sich aber ansonsten leider nicht durchgesetzt.

Wir müssen weiter mit den ziemlich ungenauen Angaben für die Strichstärke einer Schrift leben. Manche Schrift, die als »Buch« (Book) deklariert ist, sieht so fett aus wie der fette (bold) Schnitt einer ähnlichen Schrift.

Wenn man den fetten Schnitt als Auszeichnungsschrift benutzt, dann sieht der Text schnell aus als hätte er die Masern. Man sollte den fetten Schnitt eigentlich nur dann einsetzen, wenn es sich um Nachschlagewerke (Lexika oder ähnliches) handelt.

Man kann entgegen der handelsüblichen Meinung fette Schriften genauso gut lesen wie die normale Variante, aber fette Schrift wird schneller langweilig. Die Spannungen innerhalb der Wortbilder sind bei fetten Schnitten nicht so prägnant wie bei normalen, deshalb ist's langweiliger anzusehen. Bei fettem Fließtext sollte man auch eine fette Kursivschrift zum Auszeichnen nehmen. Aber leider sieht man immer wieder, daß extra fette Schrift benutzt wird.

Bei Tabellen ist eine fett gesetzte Spalte hier oder dort sehr zu empfehlen, sie erhöht die Übersichtlichkeit erheblich. Aber bitte nicht übertreiben, in der Typografie ist weniger immer mehr!

Welche Schriftgewichtung man benutzt, ist letztendlich davon abhängig, welche Aufgabe der Text zu erfüllen hat.

Für ein marktschreierisches Schild gelten andere Voraussetzungen als für ein wissenschaftliches Werk. Aber welche Schriftart, -type und -gewichtung »richtig« ist, hängt sehr stark davon ab, welche man selbst als »für den Zweck geeignet« empfindet. Da spielen Erziehung und Elternhaus, Lebenserfahrung und Kulturkreis und schließlich das Alter des Gestalters die alles entscheidende Rolle.

Ich möchte jedoch zu bedenken geben, daß am Ende der Leser entscheidet, ob die Wahl der Schrift richtig war. War sie falsch, dann wird das Buch nicht gelesen oder die Packung nicht gekauft. Gehen Sie also nicht so sehr von Ihrem eigenen Geschmack aus, sondern von dem des Lesers! So einfach ist das!

New Baskerville bold 160 Punkt künstlich auf 250 % verbreitert

Schmal, Condensed

Jeder Schriftentwerfer hat sich mit der Gestaltung von schmalen, schmalfetten, schmalleichten oder was weiß ich für schmalen Buchstaben herumgequält. Denn eine echte schmallaufende Schrift so hinzubekommen, daß die Innenräume offen genug sind, um nicht zuzuklekksen, also lesbar zu halten, das ist gar nicht so einfach.

Was fürs Aufblasen, bzw. fetter machen gilt, das gilt für schmaler machen genauso!

Einfach ist es nur, wenn man sich den Teufel um Ästhetik und Lesbarkeit schert und einfach per Mausklick aus einer schönen, ausgewogenen Schrift eine magersüchtige, blasse, künstliche »Condensed« verbricht.

Es ist bei den schmalen Schriften nicht anders als bei allen anderen Schnitten, sie müssen so entworfen sein, daß sie gut aussehen. So ist z.B. die »Helvetica Narrow«, die mit den meisten Laser-

Wenn's anfängt unnatürlich auszusehen, dann ist's nicht mehr gut!

druckern mitgeliefert wird, ein absolutes Kunstprodukt. So sieht sie auch aus! Ich habe sie in die ewige Verbannung geschickt, deshalb kann ich sie Ihnen hier auch nicht zeigen.

Selbstverständlich ist nichts dagegen zu sagen, Headlines mit solchen kuriosen Gebilden zu gestalten, Häßlichkeit ist ja oft ein hervorragendes Gestaltungsmittel. Aber längere Texte sind einfach eine Frechheit, man vergewaltigt den Leser wenn man ihm so einen Unsinn aufzwingt.

Dies ist Blindtext. Er ist nur dazu da, um zu zeigen, welchen Eindruck der endgültige Text einmal machen wird. Blindtext hat außerdem den Vorteil, daß man daran genau auszählen kann, wieviele Buchstaben einmal an seiner Stelle Dies ist Blindtext. Er ist nur dazu da, um zu zeigen, welchen Eindruck der endgültige Text einmal machen wird. Blindtext hat außerdem den Vorteil, daß man daran genau Dies ist Blindtext. Er ist nur dazu da, um zu zeigen, welchen Eindruck der endgültige Text einmal machen wird. Blindtext hat außerdem den Vorteil, daß man daran genau auszählen kann, wieviele Buchstaben einmal an seiner Stelle Dies ist Blindtext. Er ist nur dazu da, um zu zeigen, welchen Eindruck der endgültige Text einmal machen wird. Blindtext hat außerdem den Vorteil, daß man daran genau Dies ist Blindtext. Er ist nur dazu da, um zu zeigen, welchen Eindruck der endgültige Text einmal machen wird. Blindtext hat außerdem den Vorteil, daß man daran genau auszählen kann, wieviele Buchstaben einmal an seiner Stelle Dies ist Blindtext. Er ist nur dazu da, um zu zeigen, welchen Eindruck der endgültige Text einmal machen wird. Blindtext hat außerdem den Vorteil, daß man daran genau Dies ist Blindtext. Er ist nur dazu da, um zu zeigen, welchen Eindruck der endgültige Text einmal machen wird. Blindtext hat außerdem den Vorteil, daß man daran genau auszählen kann, wieviele Buchstaben einmal an seiner Stelle Dies ist Blindtext. Er ist nur dazu da, um zu zeigen, welchen Eindruck der endgültige Text einmal machen wird. Blindtext hat außerdem den Vorteil, daß man daran genau Dies ist Blindtext. Er ist nur dazu da, um zu zeigen, welchen Eindruck der endgültige Text einmal machen wird. Blindtext hat außerdem den Vorteil, daß man daran genau auszählen kann, wieviele

Wenn man die Konturen von Ziffern übereinanderlegt, erlebt man noch größere Überraschungen als bei Buchstaben.

Zahlen & Zeichen

Immer wenn wir im Büro eine neue Praktikantin bekommen, dann lasse ich sie an einer Schrift arbeiten, die ich gerade in Arbeit habe. Ich finde, nichts schult das Auge des Gestalters so, wie der Schriftentwurf. Irgendwann merken die begeisterten jungen Schriftentwerfer dann plötzlich, wie viele Zeichen sie machen müssen, bis die gesamte Schrift fertig ist. Da sind sie dann meistens völlig

Chinesische Ziffern	一	二	三	四	五	六	七	八	九	十
Indien (Brahmi), *etwa 300 v. Chr.*	—	=	≡	Ұ	ᚼ	6	7	ᔕ	ʔ	
Indien *(Devanagari),* *2. Jahrhundert*				ᄀ	ス	ノ	ひ	巳	日	ᅎ	ス	ʒ
Indien (Gwalior), *9. Jahrhundert*	٩	ર	३	४	५	(	)	७	૯	9	o
Westarabisch *(Gobar),* *11. Jahrhundert*	1	2	3	ε	५	6	7	8	9	o
Ostarabisch, *16. Jahrhundert*	۱	۲	۳	٤	o	٤	٧	٨	٩	•
Arabisch- *byzantinisch,* *11.-15. Jahrhundert*	1	2	3	ℓ	५	6	V	8	9	o
Italien, *14. Jahrhundert*	1	2	3	4	५	6	7	8	9	o

Die Entwicklung unserer Ziffern.
Abbildung aus Erik Spiekermanns Buch »Studentenfutter«.

fertig! Mit den zweimal 26 Buchstaben ist es nämlich lange nicht getan, unsere Schriften haben alle 256 Zeichen.

Die 10 Zahlen (eigentlich Ziffern) sind noch einigermaßen leicht zu gestalten. Kompliziert wird es erst, wenn die ganzen Satzzeichen, Akzente, fremdsprachlichen Zeichen und Währungszeichen drankommen. Da verstehen meine lieben Praktikanten plötzlich die Welt nicht mehr. Aber zurück zum Thema.

Zwischen Zahlen und Ziffern gibt es einen grundlegenden Unterschied, den die meisten Menschen nicht kennen, ja noch nicht mal ahnen! Das Wort »Zahl« bezeichnet den begrifflichen Inhalt, also eins, zwei, drei usw.

Der Ausdruck »Ziffer« dagegen bezeichnet einzig und allein eine von zwei Darstellungsformen, nämlich 1, 2, 3 oder I, II, III, IV usw.

Hätten Sie's gewußt?

DIE SONDERZEICHEN

WÄHRUNGSZEICHEN

£   *Pfund Sterling*
$ *Dollar*
¢   *Cent*
¥   *Yen*
ƒ   *Florin, Gulden*
Rp *Rupie*

WORTZEICHEN

¤   *General Currency Zeichen für Währung allgemein*
@   *Commercial, At-Zeichen*
®   *Registered Trademark*
©   *Copyright*
™   *Trademark*
\# *Stückzahl*
* *Stern, Asterisk*
†   *Einfaches Sterbekreuz*
‡   *Doppeltes Sterbekreuz*
§   *Paragraph*
¶   *Paragraph, Alineazeichen*
&   *Et-Zeichen*

SATZGLIEDERUNGSZEICHEN

?   *Fragezeichen*
¿   *Spanisches Fragezeichen*
!   *Ausrufezeichen*
¡   *Spanisches Ausrufezeichen*
.   *Satzpunkt*
,   *Komma, Beistrich*
;   *Semikolon, Strichpunkt*
:   *Kolon, Doppelpunkt*
'   *Einfache Anführung oben*
'   *Apostroph, Auslassungszeichen, Einf. Abführung oben*
"   *Doppelte Anführung oben*
"   *Doppelte Abführung oben*
,   *Einfache Anführung unten*
„   *Doppelte Anführung unten*
›   *Einfache französische Anführung, links*
‹   *Einfache französische Abführung, rechts*
»   *Doppelte französische Anführung, links*
«   *Doppelte französische Abführung, rechts*
·   *Punkt auf Mitte*
•   *Bullet*
…   *Ellipse, Auslassungspunkte*

KLAMMERZEICHEN

(	Öffnende runde Klammer
)	Schließende runde Klammer
[	Öffnende eckige Klammer
]	Schließende eckige Klammer
{	Geschweifte Klammer links
	Akkolade links
	Nasenklammmer links
}	Geschweifte Klammer rechts
	Akkolade rechts
	Nasenklammmer rechts

STRICHZEICHEN

|	Vertikaler Strich
/	Schrägstrich, Slash
\	Gespiegelter Schrägstrich, Backslash
⁄	Bruchstrich
_	Unterstreichung
-	Divis, Trenn-, Bindestrich
–	Gedanken-, Halbgeviertstrich
—	Zahlenstrich

AKZENTE

´	Akut
`	Gravis
ˆ	Zirkumflex
^	ASCII-Zirkumflex
¨	Umlaut, Trema
°	Ringakzent, Angström
˜	Tilde
~	ASCII-Tilde
¯	Makron, Balken
˘	Breve
ˇ	Häkchen, Haček
˙	Punktakzent
¸	Cedille
˛	Krummhaken, Ogonek

DIVERSE

ª	Ordnungszeichen für Feminin
º	Ordnungszeichen für Maskulin
′	Sekunde
″	Minute, Zoll
°	Grad
%	Prozent
‰	Promille

ZAHLEN

Richtige Zahlen, die einen numerischen oder mathematischen Wert haben, stellt man mit »Ziffern« dar.

24 $, 24,- DM, 24¥ (Yen). Aber wenn man innerhalb eines Textes »Das Taxi zum Flughafen kostete vierundzwanzig Dollar« schreibt, dann schreibt man das aus. Daß ein Baseballteam aus 24 Spielern besteht, stimmt zwar nicht, aber da benutzt man nun wiederum die Ziffern. Aber abkürzen darf man dann nix, also nicht 24 Splr. Eigentlich alles ungefähr zu fünfzig Prozent einfach, oder? Ungefähre Angaben werden, wie soeben demonstriert, ausgeschrieben. Kommt eine Zahl in einer Überschrift vor, dann schreibt man sie aus: »2000 Meilen unter dem Meer« ist also genauso falsch wie »Im Jahr zweitausend«.

Korrekt wäre: »Zweitausend Meilen unter dem Meer« und »Im Jahr 2000«. »Ungefähr 1910/11 passierte es«, aber »1650 bis 1724« war eine segensreiche Periode.

Das heutige Datum ist 20. 4. 1992 (Ostermontag)! Nach dem jeweiligen Punkt sollte man mindestens eine halbe Leerstelle setzen. Das Paar 1 und 9 muß man natürlich ausgleichen, sonst »19« anstatt »19«! Zwischen die beiden Neuner habe ich auch ein bißchen Luft geblasen! Sonst stünden die viel zu eng beieinander. »99« statt »99«.

Die Zahl 1000 setzt man ohne Abstand, 10 000 dagegen schon mit einem Abstand. Nach jeder dritten Stelle von rechts gehört ein Leerzeichen rein.

Und bitte tun Sie sich und mir einen großen Gefallen! Wenn Sie mal eine Schreibweise angefangen haben, dann ändern Sie diese nicht mitten in einer Publikation. Das ist einfach schlechter Stil.

ZIFFERN (MEDIÄVALZIFFERN)

Man unterscheidet Ziffern und Mediävalziffern. Mediävalziffern sind eigentlich eine Verhonepiepelung des englischen Begriffes »medieval« (mittelalterlich), bei uns heißen die Dinger Minuskelziffern. Diese mittelalterlichen Ziffern haben im Gegensatz zu den normalen Ober- und Unterlängen.

Normale Ziffern sind für Tabellen und Währungsangaben geeigneter als die Minuskelziffern. Dafür fügen sich Minuskelziffern besser in glatten Text ein. Und so sollten sie auch verwendet werden! Leider bieten die wenigsten Computerschriften beide Arten an, man hat also sowieso nicht besonders viel Wahlmöglichkeit. Aber wenn's geht, dann sollten Sie beiden Ziffern den Vorzug geben, jeder zu ihrer Zeit. 1234567890 oder 1234567890 (Garamond)

1234567890

Mediävalziffern haben Ober- und Unterlängen!

Das Nicht-Zeichen oder der Einzug

　　Eigentlich gehört dieser Absatz gar nicht hierher, da es sich ja nicht um ein Zeichen handelt. Dieses Thema gehört in ein ganz anderes Buch, darum stelle ich es auch gleich an den Anfang des Kapitels!

Ein Einzug ist das, was man hier links sieht, nämlich die Luft links neben dem Wörtchen »Ein«. Ein Einzug dient dazu, dem Leser anzuzeigen, wann ein neuer Absatz anfängt. Das ist eine tolle Lesehilfe. Einzügen gebührt der Anstand des Gestalters, Bücher ohne Einzüge sollten verboten werden.

Nun hat aber bei unglaublich vielen DTP-Erzeugnissen auch der erste Absatz einen Einzug. Aber der erste Absatz nach einer Überschrift ist ja eigentlich gar kein Absatz, sondern einfach nur der Textanfang. Und wo der Text anfängt, das sieht man auch ohne Einzug.

Den muß man übrigens immer von Hand entfernen, deswegen habe ich mir ein kleines Makro geschrieben, damit geht dem Ding ferngesteuert die Luft aus.

Zu Demonstrationszwecken habe ich übrigens auf dieser Seite den ersten Einzug stehenlassen. Ist Ihnen das etwa entgangen?

Punkt.

Wenn ein Satz zu Ende ist, dann setzt man in der Regel einen Punkt. Fängt der nächste Satz mit einem Buchstaben an, der nach links sehr viel Freiraum läßt, dann rückt man ihn ein bißchen näher an den Punkt hin. Alle anderen bekommen eine halbe bis zu einer vollen Leerstelle Luft. Das zeigt uns, daß man nicht nur Buchstaben zueinander ausgleichen muß, nein, alle Zeichen werden zueinander ausgeglichen. Besonders die Satzzeichen!

Es stellt sich natürlich hier die Frage, ab welcher Schriftgröße man sich dieser Mühe unterzieht? Generell möchte ich dazu sagen,» Satz« kann nie so klein sein, als daß man sich nicht um ihn bemüht. Aber in der Regel gleichen wir in unserem Büro erst ab 18 Punkt aufwärts größere Textmengen aus. Ansonsten bemühen wir uns so ausführlich nur um die Überschriften. Aber es gibt natürlich hin und wieder Texte auch in kleineren Schriftgraden, mit denen wir uns extrem viel Mühe geben. Es gibt aber einen kleinen Trick, mit dem Fließtext meistens gut ausgeglichen aussieht, den ich Ihnen gerne verraten möchte. Setzen Sie Fließtext generell ein bißchen (10%) weiter. Dadurch vertuscht man die meisten Mängel, die auch bei gut zugerichteten Schriften immer noch auftreten.

Komma,

Das Komma ist jenes Zeichen, mit dem die meisten Menschen total auf dem Kriegsfuß stehen. Ich bilde da eine rühmliche Ausnahme, ich ignoriere das Ding meistens total. Spaß beiseite, ich habe keinen Schimmer, wann man wo diese »Hakln« hinmacht und warum schon lange nicht.

Das Komma dient dazu, Sätze zu untergliedern, wie hier z.B. Aber ob das nun richtig ist, das weiß nur mein Lektor.

Man setzt vor dem Komma keine und nach dem Komma eine ganze Leerstelle.

Doppelpunkt:

Vor einer wörtlichen Rede steht der Doppelpunkt (Kolon): »Ist das klar?«

Der Doppelpunkt wird außerdem noch dazu benutzt, einen Satz in mehrere Sinnabschnitte zu gliedern.

Der Doppelpunkt steht nicht so eng an dem vorangehenden Buchstaben wie der Punkt. Man treibt ihn ein wenig vom Vorgänger weg. Nach dem Doppelpunkt folgt eine ganz normale Leerstelle, es sei denn, man muß in Folge eines luftigen Buchstabens ein wenig Luft herausnehmen.

Semikolon;

Das Semikolon ist nach der neuesten Rechtschreibesprechung der Herren des Duden überflüssig geworden.

Falls Sie es dennoch verwenden wollen oder sollen, dann sollten Sie davor einen klitzekleinen Abstand von ca. 1 Punkt einlegen und dahinter einen ganz normalen Leerraum einfügen. Das Semikolon heißt zu gut deutsch übrigens Strichpunkt. Treffend!

...Auslassungspunkte

Ich weiß erst, seit ich mit Computern arbeite, daß diese Auslassungspunkte tatsächlich offizielle Satzzeichen sind.

Man nennt sie im Fachchinesisch (hoffentlich sind jetzt die Chinesen nicht sauer) Ellipsen.

Auslassungspunkte vorne wie bei ...eiße, setzt man so. Die hinten, wie bei Schei... setzt man so!

Fragezeichen?

Das Fragezeichen beendet einen Fragesatz, einfach oder? Vor das Fragezeichen gehört ein bißchen Luft, und dahinter ein bißchen mehr als eine normale Leerstelle.

Ausrufungszeichen!

Sätze, die einen Wunsch ausdrücken, Ausrufe oder Befehlssätze enden mit einem Ausrufungszeichen! Vor dem Zeichen muß ein kleines bißchen Luft sein (1 Punkt), und nach dem Zeichen folgt eine ganze Leerstelle bis zum nächsten Buchstaben.

Apostroph'

Ein Apostroph wird nur dann gesetzt, wenn's darum geht, ein »es« zu ersetzen, in 99 % aller Fälle stimmt das zumindest. Wenn es sich um einen Apostroph handelt, der innerhalb eines Wortes steht, dann wird kein Abstand gesetzt. Sollten Sie auf den seltenen Fall (finden Sie im Duden) stoßen, bei dem ein Apostroph am Ende eines Wortes steht, dann folgt dem Apostroph eine ganze Leerstelle.

({[Klammern]})

Das (Wort), das in Klammern steht, wird von den Klammern eng umklammert, da gehört kein Zwischenraum dazwischen. Formeln, die in [eckigen] Klammern stehen, sollten ebenfalls ganz umklammert werden. Also keine niedrigen Klammern bei hohen Formeln.

Akkolade links/rechts
Geschweifte- oder
Nasenklammer

„ »AN- UND ABFÜHRUNGSZEICHEN« "

Gemeinhin sind diese Zeichen nur als Anführungszeichen bekannt. Aber der Einfachheit halber nennt man unter Fachleuten die am Anfang stehenden »Anführungszeichen« und die hinten »Abführungszeichen«.

Um die Sache ein bißchen zu komplizieren, gibt es auch noch mehrere Arten: «normale Guillemets», »spitze Guillemets«, „Gänsefüßchen", "amerikanische" und ‚halbe Anführungen' oder ›halbe spitze Guillemets‹ oder ‹halbe Guillemets›! »Wenn einer einen zitiert, während er zitiert, dann wird das Zitat mit ›halben‹ An- und Abführungen gesetzt«.

An- und Abführungen für englische, französische oder sonstige ausländische Zitate können nach den Gepflogenheiten der jeweiligen Sprache gesetzt werden. Wörter, die in Großbuchstaben gesetzt wurden, kann man „AN- und ABFÜHREN". Welche An- und Abführungen in anderen Ländern benutzt werden, haben wir in einer kleinen Tabelle aufgeführt. Als guter Europäer ist man das seinen Nachbarn schuldig, schließlich wissen wir ja mittlerweile auch alle, wie man anständig Spaghetti dreht.

»„Deutsch"«
»„Dänisch"«
"Englisch"
»"Finnisch"»
«"Französisch"»
„Holländisch"
«"Italienisch„»
«Norwegisch»
»„Polnisch" "«
"Portugiesisch"
«„Russisch"»
»"Schwedisch"»
«"Spanisch"»
«"Türkisch„»
«„Tschechisch"»

„Bei Abführungszeichen, die von einem Komma oder Punkt verfolgt werden, sollte man den Punkt ein bißchen unterschneiden, so daß der Punkt unter die obenstehende Abführung flutscht". < Siehe hier!

PageMaker und andere DTP-Programme bieten die Option an, die aus der DOS-Welt bekannten "Inch-Zeichen" in »Anführungszeichen« zu ändern, schafft nur einen neuen Unfug, nämlich "amerikanische" An- und Abführungen. In Deutschland sind nur zwei Sorten An- und Abführungen korrekt. »Diese« und die „Gänsefüßchen". Ich empfehle als Eselsbrücke immer sich 99 vorn und sechsundsechzig hinten zu merken! Jede andere An- und Abführung, die man sonst noch findet, und man findet jede Menge, ist falsch.

BINDE-STRICH

Mit den Strichen stehen die DTPler allgemein genauso heftig auf Kriegsfuß wie mit den vorangegangenen An- und Abführungen. Ich kann das gut verstehen, denn auf den ersten Blick sehen amerikanische und deutsche Anführungszeichen ja ziemlich ähnlich aus. Ähnlich ist es eben auch mit den Strichen. Wem fällt schon auf, daß ein Gedankenstrich anders gestaltet ist als ein Bindestrich. Zu

allem Übel heißt das Ding, der Bindestrich, auch noch
»Divis«, was dem Wortstamm nach eher mit trennen als mit
verbinden zu tun hat.

Wie also der deutsche Name schon sagt, verbindet der
Bindestrich. Vor und nach dem Binde-Strich wird allerhöchstens ein minimaler Zwischenraum von einem Punkt eingefügt, in der Regel setzt man jedoch keinen. Die Ausnahme ist, wenn der Bindestrich das Wörtchen »gegen« ersetzt, wie in »Müller - Müller«. Allerdings wird auch dann kein ganzer Leerraum eingesetzt, der normale Leerraum wird ungefähr halbiert.

Wie im vorangegangenen Abschnitt bei den An- und Abführungen, wird als Ersatz für gemeinsame Wortbestandteile ebenfalls der Bindestrich eingesetzt.

Außerdem sollte man unbedingt darauf achten, als Bindestrich den kurzen - und nicht den langen – zu benutzen. Der lange ist nämlich der Gedankenstrich, zu dem kommen wir gleich.

Gedanken – strich

Der »Gedanken - Strich« ist wie eben schon gesagt, der längere. Genaugenommen ist er ein halbes Geviert breit, aber wer weiß heute noch, wie breit ein halbes Geviert ist.

Es gibt übrigens noch den geviertlangen Gedanken—Strich, aber den sollte man möglichst nicht verwenden, denn der reißt viel zu große Löcher in den Text! Auf jeden Fall ist der Gedankenstrich der, der ein bißchen länger ist als der Bindestrich. Unglücklicherweise sind beide auf einer Taste zusammen mit dem tiefgestellten und dem geviertlangen Strich untergebracht.

Der Gedanken–Strich dient mehreren Zwecken: Der Gedankenpause, als Nullenersatz bei Währungsangaben 12,– DM, als Minusstrich, als Streckenstrich wie in »ich fuhr die Strecke München–Starnberg in 20 Minuten« und schließlich als Ersatz für das Wörtchen »bis« wie in »5–10 Minuten später«.

Im Standardeinsatz als Gedanken–Strich wird vor und hinter dem Strich ein Leerraum gesetzt.

% Prozent- und Promillezeichen ‰

Diese beiden Zeichen gehören zu ihrer vorangehenden Zahl. Deshalb darf man sie auch nicht mittels eines Leerraums von ihr trennen. Allerdings sollten sie auch nicht direkt an der Zahl kleben, ein klitzekleiner Abstand von 1–2 Punkt darf schon sein. 100%ig drankleben sollte allerdings die Silbe »ig« im Falle dieser Abkürzung!

Et-Zeichen &

Das et-Zeichen ist bereits im ersten Jahrhundert nach Christus entstanden und ist eine Ligatur.

Das »e« und »t« haben sich zu einer gemeinsamen Form vereint. Die Bedeutung leitet sich aus dem lateinischen ab, wo es schlicht für »und« steht. Es darf nach deutschen Rechtschreiberegeln nur in Firmennamen, die sich aus Personennamen zusammensetzen, verwendet werden.

Das ihm auferlegte bescheidene Auftreten steht im krassen Wiederspruch zu seiner faszinierenden Gestalt und Form. Viele berühmte Schriftentwerfer haben sich ausgiebig mit dem Zeichen beschäftigt. Frederick W. Goudy (1937), Paul Standard (1938) und Jan Tschichold (1953) haben sich um das schöne Zeichen besonders bemüht.

Früher benutzte man das Zeichen noch für den Satz der Abkürzung etc. Da diese Abkürzung jedoch aus der Mode gekommen ist, ist auch das &c. aus der Mode gekommen, leider.

Währungszeichen $ ¥

Um welche Art Geld es sich handelt, das schreibt man immer hinter die Summe. Die vorgestellte Währungsangabe ist eine Unsitte. 500g Speck 2,95 $ oder 9,– DM!

Gradzeichen °

Wenn's 35 °C heiß ist, dann sollte man immer noch einen Leerraum zwischen die Zahl und das Gradzeichen setzen. Denn die Gradangabe bezieht sich auf die Meßart, also Fahrenheit oder geometrische Winkel!

Wenn's um eine Kursänderung von 44° Nordnordost geht, dann gehört das Gradzeichen zur Zahl!

Paragraphenzeichen §

Am besten ist es natürlich, wenn man mit diesem Zeichen nie in Berührung kommt. Aber wenn's denn sein muß, dann gehört die Zahl direkt oder mit nur kleinem Abstand dahinter §256. Geht's gleich um mehrere Paragraphen, dann wird die Mehrzahl §§256–257 gesetzt.

Unterführungen
"

Unterführungen benutzt man immer dann, wenn es schlecht aussieht, immer wieder den gleichen Begriff untereinander zu schreiben. In der Schule waren mir das die liebsten Zeichen, da mußte ich am wenigsten schreiben. Wir benutzen dazu unsere schönen „Gänsefüßchen", aber man kann auch den Gedanken – Strich benutzen!

Bruchziffern ½

Leider gibt es bei DTP-Fonts so gut wie keine fertigen Bruchzahlen. Deswegen muß man ständig tricksen. Auf jeden Fall sollte der Schrägstrich so hoch sein, daß die Zahlen nicht oben oder unten über ihn hinausragen.

Exponenten[2]

Exponenten sind hochgestellte Zeichen, meistens Zahlen. Buchstaben oder Sternchen werden meist nur für Fußnotenverweise benutzt. Auf jeden Fall gehören Exponenten zum vorangegangenen Wort. Weswegen sie auch nicht durch einen Abstand vom Wort getrennt werden dürfen.

In der Fußnote selbst steht der Exponent vor der dazugehörigen Erklärung. Die Erklärung oder Erklärungen werden dabei von dem Exponenten durch einen kleinen Abstand getrennt.

$$qm=m^2$$

ABSTÄNDE

Abstände sind bei der Gestaltung mit Schrift das alles entscheidende Element. Wählt man die Abstände zu eng, dann hat die Schrift keine Luft zum Atmen. Wählt man sie zu weit, dann fällt die Schrift auseinander. Am abenteuerlichsten ist es jedoch, mal zu enge, mal normale und mal zu weite Abstände in ein und derselben Publikation einzusetzen. Das geht zwar, sieht aber nur dann gut aus, wenn der, der es macht, ganz genau weiß, was er tut.

Abstände kann man als Stilmittel benutzen. So ist z.B. eine leicht gesperrte Überschrift in Kapitälchen sehr angenehm. Wenn jedoch die Sperrung so groß ist, daß sie den Zusammenhang des Wortes in Gefahr bringt, dann ist da irgendwas in die Hose gegangen.

Nun spielen aber bei der Gestaltung nicht nur die Abstände der Buchstaben zueinander eine Rolle, sondern auch die Abstände des Textes zum Papierrand und zu anderen Texten. Um all diese Abstände und noch ein paar mehr, geht es hier.

Also dann, nehmen Sie den richtigen Abstand zu dieser Buchseite ein, denn vom Leseabstand hängen alle anderen Abstände irgendwie auf wundersame Weise ab.

ZURICHTUNG

mmmmmmm, mir fällt nichts Besseres ein, um Ihnen die Zurichtung zu erklären, als dieses Beispiel. Wenn die m-Reihe so aussieht, als seien die Innenräume des »m« und die Buchstabenabstände gleich, dann ist die Zurichtung der Schrift gut, jedenfalls die des kleinen »m«.

Von diesem kleinen Buchstaben geht der Schriftentwerfer nämlich aus. An ihm richtet er alle anderen Buchstaben aus.

mambmcmdmemfmgmhmimjmkmlmnmom und so das ganze Alphabet durch, es dürfen keine Löcher entstehen. Um die Großbuchstaben zuzurichten, benutzt der Entwerfer »H« und »O«. HOHOHOHOOOOO!

Auch diese Kombination wird zum Testen wieder mit anderen Buchstaben gemischt. HOAHOBHOCHOD. Danach werden noch die Satz- und anderen Zeichen eingerichtet. Der »ultimative« Test ist schließlich der echte Text. An ihm wird dann in Einzelpaaren die Zurichtung gefeilt. Eine Gruppe von Typomanen sagt, je mehr Einzelpaare zugerichtet werden, um so besser. Die andere Typomanengruppe hält dagegen, wenn der Einzelbuchstabe richtig zugerichtet ist, dann ist's gut. Beides ist richtig!

Laufweite

Die »Laufweite« ist eigentlich nur ein anderes Wort für Zurichtung. Man kann eine Schrift »weit« (relativ einfach) und »eng« zurichten (ziemlich schwer). Man spricht dann von verschiedenen Laufweiten.

Was man in einigen DTP-Programmen als »Laufweiteneinstellung« angeboten bekommt, ist jedoch nichts weiter als die künstliche Enger- oder Weiterstellung der Schrift. Und künstliche, also nicht nach optischen Gesichtspunkten vorgenommene Laufweitenveränderung ist schlichtweg Quatsch. Die vom Entwerfer vorgenommene Einstellung der Laufweite sollte man nur im äußersten Notfall ändern, aber einen solchen Notfall gibt es nicht. Man kann ja dann einfach ein bißchen umtexten. Allerdings, und das ist die Ausnahme, die ich noch gestatten kann, man kann bis zu maximal 10% die Laufweite bei Fließtext künstlich vergrößern. Das tut der Schrift in der Regel keinen Abbruch, sondern macht sie etwas lockerer und leichter zu lesen. Aber, bitte ändern Sie nie, und ich meine NIE, innerhalb einer Publikation die Laufweite.

Ich kann Ihnen das mal kurz demonstrieren, das sieht einfach unwirklich aus. Oder was meinen Sie? Dies ist die künstliche »sehr schmal«-Einstellung von PageMaker!

BUCHSTABENABSTAND

Der Buchstabenabstand hängt auch wieder mit der Laufweite und der Zurichtung zusammen. Wenn eine Schrift eng zugerichtet ist, dann sind logischerweise auch die Buchstabenabstände kleiner. Daraus ergibt sich eine geringe Laufweite.

Trotzdem kann man nicht genug über dieses entscheidende Thema sagen. Sie werden schon gemerkt haben, daß in der Typografie jedes Thema »entscheidend« ist. Das liegt daran, daß erst aus dem Zusammenspiel aller Faktoren perfekte Typografie wird. Vernachlässigt man einen Teil, dann leidet darunter der Gesamteindruck.

Im Bleisatz wurde die Schrift für jeden Schriftgrad speziell entworfen und zugerichtet. Das heißt, daß eine kleine Schrift offenere Innenräume hatte und ein bißchen weiter zugerichtet war als eine große.

Heute machen wir das alles elektronisch gleichmäßig schlecht, leider. Die neuen Schriften von Adobe, bei der man sich selbst die Zwischengewichtungen erzeugen kann, stellen einen Lichtblick am DTP-typografischen Horizont dar. Idealer wäre es jedoch, wenn man mit jeder Größenänderung automatisch die richtige Gewichtung auf den Bildschirm geliefert bekäme. Technisch müßte das zu machen sein. Aber wahrscheinlich will Adobe jetzt erst mal seine Multiple-Master-Lösung verkaufen, um dann in drei, vier Jahren unter dem Druck eines Konkurrenten mit der eben vorgeschlagenen Lösung zum vierten Mal dieselben Schriften zu verkaufen. Bis dahin sind dann endgültig alle anderen Schrifthersteller pleite, und Adobe hat eine absolute Monopolstellung. Na danke!

Die Buchstabenabstände spielen beim Versalsatz ebenfalls eine entscheidende Rolle. Denn, die Zurichtung einer Schrift wird immer so vorgenommen, daß das Schriftbild bei gemischtem Satz gut aussieht. Für Versalsatz ist keine (mit Ausnahmen) Schrift zugerichtet. So muß man Versalsatz IMMER von Hand optimieren. Eine Faustregel ist dabei, daß man Versalien grundsätzlich um 10% weiter setzt als gemischten Text.

VERSALSATZ OHNE AUSGLEICH
VERSALSATZ MIT AUSGLEICH

Entscheidend für perfekt ausgeglichene Schrift ist immer das geübte Auge des Typografen. So muß man einfach sehen, daß bei allen »A-K-L-T-V-X-Y-Z«-Kombinationen im Versalsatz Luft herausgenommen werden muß und wahrscheinlich bei »I-J-H-N-M«-Kombinationen Luft hineingehört. Übung macht auch hier den Meister!

Buchstabenabstand
Minimum -5, Erwünscht 5, Maximum 10
Dies ist Blindtext. Er ist nur dazu da, um zu zeigen, welchen Eindruck der endgültige Text einmal machen wird. Blindtext hat außerdem den Vorteil

Buchstabenabstand
Minimum -2, Erwünscht 10, Maximum 20
Dies ist Blindtext. Er ist nur dazu da, um zu zeigen, welchen Eindruck der endgültige Text einmal machen wird. Blindtext hat außerdem den

Buchstabenabstand
Minimum -1, Erwünscht 50, Maximum 100
Dies ist Blindtext. Er ist nur dazu da, um zu zeigen, welchen Eindruck der endgültige Text einmal machen wird. Blindtext hat

Buchstabenabstand
Minimum 0, Erwünscht 100, Maximum 120
Dies ist Blindtext. Er ist nur dazu da, um zu zeigen, welchen Eindruck der endgültige Text einmal mach

Wortzwischenraum, Ein- und Ausbringen

Ging es im letzten Abschnitt hauptsächlich um die Abstände der einzelnen Buchstaben zueinander, so geht es hier um die Abstände der einzelnen Wörter zueinander. Das ist ein gewaltiger Unterschied.

Jede Schrift benötigt ihren speziellen Wortabstand. Dieser Abstand hängt zusätzlich noch zwingend vom Schriftgrad ab. Eine 9-Punkt-Schrift benötigt einen größeren Wortabstand als eine 24-Punkt-Schrift.

Fette Schriften, schmale oder condensed Schriften sowie Schriften, deren Ober- und Unterlängen extrem sind, brauchen mehr Luft zwischen den Wörtern. Bei Schriften mit hohen Kleinbuchstaben fallen Wortabstände stärker auf, folglich kann man sie ein bißchen enger setzen.

Für den richtigen Wortabstand gibt es keine Standardregeln, deshalb sind auch alle Standardeinstellungen mit Vorsicht zu genießen. Dieser Text ist mit ca. 70% Wortabstand gesetzt. Da es sich um Blocksatz handelt, habe ich dem Programm einen Spielraum von 60–80% eingeräumt. Es gibt eine Faustregel, die besagt, daß beim Blocksatz der Wortabstand nicht weniger als die Hälfte und nicht mehr als das Doppelte des erwünschten Abstandes sein darf. Mir ist das zu großzügig. Ich stelle meine Vorgaben immer so ein, daß allerhöchstens 30% Abweichung vom Optimum möglich sind, meistens weniger.

Der Buchstabenabstand ist übrigens auf 10 bis maximal 12% eingestellt. In der Regel kommt man mit diesen Einstellungen bei den meisten Antiquaschriften hin.

Der Lesevorgang ist eine sehr komplexe Sache, und es würde den Rahmen dieses Buches sprengen, alles genau zu erklären. Aber die Wortabstände werden beim Erfassen der Schriftbilder miterfaßt. Werden die Wortabstände zu groß, dann tut sich das Auge (Gehirn) schwer. Die Lesegeschwindigkeit sinkt. Eine andere Gefahr, die sich aus zu großen Wortabständen ergibt, sind die senkrechten »Bächlein«, die durch den Text fließen. Bei Blocksatz mit zu wenig Zeichen pro Zeile (ca. unter 36 Zeichen), werden diese Bächlein gerne zu Strömen.

Für diejenigen, die sich nicht mit den generellen Einstellungen abfinden, sei gesagt, wenn ein Loch zu groß aussieht, dann sollten Sie es manuell verkleinern, Luft herausnehmen. Sieht was zu eng aus, Luft rein! Klar?

Dieser Text soll demonstrieren, wie sich bei Blocksatz mit zu großen Wortabständen und zu wenigen Anschlägen pro Zeile die Wortabstände zu senkrechten Bächlein vereinigen. Dieser Text ist fett, um den Effekt der »Bächlein« zu verstärken! Also Absicht!

In der Sprache der Setzer nennt man das dann »Ein- oder Ausbringen«. Als Faustregel gilt: Man bringt »aus« vor und nach Versalien, die große Freiräume bilden, das sind die bereits bekannten Buchstaben »A-K-L-T-V-X-Y-Z«. Man bringt »ein« bei den beiderseits senkrecht schließenden Versalien »I-J-H-N-M«. Aber auch bei allen anderen Versalien sollte man genau hinsehen.

Außerdem noch in folgenden Fällen »ein« oder »aus«: Vor oder hinter Satzzeichen, vor oder hinter Kleinbuchstaben mit Ober- oder Unterlänge.

Wort Zwischen Raum 50 Prozent
Wort Zwischen Raum 60 Prozent
Wort Zwischen Raum 70 Prozent
Wort Zwischen Raum 80 Prozent
Wort Zwischen Raum 90 Prozent
Wort Zwischen Raum 100 Prozent
Wort Zwischen Raum 110 Prozent
Wort Zwischen Raum 120 Prozent
Wort Zwischen Raum 130 Prozent
Wort Zwischen Raum 140 Prozent
Wort Zwischen Raum 150 Prozent

ZEILENLÄNGE, ZEILENABSTAND

Welche Zeilenlänge richtig ist, kann man nicht genau sagen. Wer das Gegenteil behauptet, lügt. Es gibt jede Menge Faustregeln, die jedoch nur für bestimmte Aufgaben zutreffend sind. So sollte eine Buchzeile mindestens 50, aber nicht mehr als 70 Anschläge haben. Diese hier hat ca. 60.

Mehrspaltige Publikationen dürfen sich mit 45 Zeichen pro Zeile begnügen, »Revolverblätter« gar mit nur 35. Wird die Zeile zu kurz, dann gibt's zu schnelle Zeilenwechsel beim Lesen, ist sie zu lang, dann sackt das Auge leicht um eine Zeile ab. Beides verlangsamt den Lesevorgang und ist somit nicht wünschenswert.

Ein ausgezeichnetes Mittel, um die richtige Zeilenlänge, den richtigen Buchstaben- und Wortabstand festzustellen, ist der Probesatz. Das hört sich vielleicht komisch an, aber es ist tatsächlich so, daß sich seit DTP keiner mehr die Mühe macht, mal auszuprobieren, wie das eigentlich sonst noch aussehen könnte.

Da wir gerade vom Zeilenabstand sprechen, das ist auch so ein unsicherer Zeilengenosse. Den Zeilenabstand mißt man übrigens von der Schriftgrundlinie (das ist die Linie, auf der die Kleinbuchstaben stehen) zur nächsten Schriftgrundlinie. Bitte seien Sie mir nicht böse, daß ich das so

»präzise« erkläre, aber bei meinen Praktikanten habe ich schon die abenteuerlichsten Meßmethoden gesehen. Ich will garnicht in die Details gehen. Aber soviel sei gesagt, was da an unseren Kunst- und Grafikschulen gelehrt wird, ist mir schleierhaft. Die armen Jungs und Mädels kommen zu mir und werden eigentlich ständig nur ungläubig bestaunt ob ihres Nichtwissens.

Eine gute Faustregel für normalen Fließsatz wie diesen hier ist: »Der Zeilenabstand sollte so groß sein, wie die Klein-

Dies ist Blindtext. Er ist nur dazu da, um zu zeigen, welchen Eindruck der en
welchen Eindruck der endgültige Text einmal machen wird. Dies ist Blindtex
Dies ist Blindtext. Er ist nur dazu da, um zu zeigen, welchen Eindruck der en
welchen Eindruck der endgültige Text einmal machen wird. Dies ist Blindtex

Dies ist Blindtext. Er ist nur dazu da, um zu zeigen, welchen Eindruck der en

welchen Eindruck der endgültige Text einmal machen wird. Dies ist Blindtex

Merke: Ein kleiner Schriftgrad mit viel Zeilenabstand ist besser als ein großer ohne.

buchstaben hoch sind«. Mehr sieht meistens besser aus und ist auch ein bißchen besser zu lesen. Übrigens sollten Sie darauf achten, daß bei mehrspaltigen Seiten der Spaltenzwischenraum nicht kleiner ist als der Zeilenabstand. Zeilenabstand und Durchschuß ist übrigens nicht das gleiche, auch wenn es immer wieder behauptet wird.

Durchschuß ist ein Ausdruck, der beim Bleisatz Sinn machte, heute aber nicht mehr. Beim Bleisatz war es so, daß ein 12-Punkt-Buchstabe praktisch schon mit 12 Punkt Zeilenabstand geliefert wurde. Wenn man also zwei Zeilen Text setzte, dann hatten die automatisch 12 Punkt Zeilenabstand. Wenn man nun zwischen die beiden Zeilen ein dünnes Metallplättchen schob, das 1 Punkt dick war, dann hatte man mit 1 Punkt Durchschuß gesetzt. Logo! Aus jener Zeit stammen noch die Ausdrücke »kompreß setzen«, das bedeutete für den Setzer, daß er keine Metallplättchen zwischen die Zeilen schieben mußte. Bekam er

ext einmal machen wird. Dies ist Blindtext. Er ist nur dazu da, um zu zeigen,
ir dazu da, um zu zeigen, welchen Eindruck der endgültige Text machen wird.
ext einmal machen wird. Dies ist Blindtext. Er ist nur dazu da, um zu zeigen,
ir dazu da, um zu zeigen, welchen Eindruck der endgültige Text machen wird.
ext einmal machen wird. Dies ist Blindtext. Er ist nur dazu da, um zu zeigen,
ir dazu da, um zu zeigen, welchen Eindruck der endgültige Text machen wird.

dagegen die Anweisung »splendid setzen«, dann konnte er in die Vollen greifen.

Die »automatischen Zeilenabstände«, die man bei vielen DTP-Programmen findet, sind natürlich für uns »Profis« nicht ernstzunehmen. Aber wenn ein absoluter Laie sich an die relativ gut eingestellten Vorgaben hält, hilft es ihm, nicht gleich alles falsch zu machen. Also so schlecht sind dann die Vorgaben auch wieder nicht, gäbe es sie nicht, dann gäbe es noch mehr Typo-Schrott wie sowieso schon.

ÜBERHÄNGENDE INTERPUNKTION

Das ist ein Thema, bei dem die Hersteller von DTP-Programmen bisher kläglich versagt haben. Was ist damit eigentlich gemeint?

Zeilen, die mit einem Satzzeichen oder einem Trennstrich enden, wirken kürzer als Zeilen, die mit einem Buchstaben enden. Daraus ergibt sich der unerwünschte Effekt, daß bei Blocksatz, und nur bei Blocksatz, die rechte Satzkante »wackelig« aussieht.

»Richtige« Setzer haben die Möglichkeit, dieses Übel dadurch zu beheben, daß sie die betreffenden Zeilen ein bißchen verlängern. Es gibt auf großen Satzmaschinen spezielle, »teure« Programme dafür.

DTP-Typografen haben keine Möglichkeit, diesen Ausgleich vorzunehmen. Es sei denn, sie würden sich die Mühe machen, jede Zeile einzeln zu setzen. Aber das wäre der blanke Wahnsinn. Bleibt nur zu hoffen, daß sich in Kürze ein Programmierer die Mühe macht, das zu programmieren. Ich würde sofort auf ein Programm umsteigen, das das kann, ehrlich!

Diese überhängende Interpunktion haben wir Zeile für Zeile von Hand gemacht.

TRENN-ZEICHEN

Trennzeichen sind ein unvermeidliches Übel. Ohne Trennungen bekäme man zu viele Löcher in den Blocksatz oder zuviel Flattern in den Satz gleichen Namens, den Flattersatz. Also, das Dilemma, in dem wir stecken, ist offensichtlich!

Grundsätzlich gilt, möglichst wenige Trennstriche sind schöner als viele. Möglichst wenige aufeinanderfolgende Trennstriche sind noch schöner als Trennstriche am Ende von fünf, sechs, sieben aufeinanderfolgenden Zeilen. Zwei aufeinanderfolgende finde ich noch in Ordnung, aber wenn dann die nächsten beiden Zeilen von Kommas beendet werden und darauf wieder drei Trennstriche folgen, dann ist das auch nichts. Aber wie immer bei solchen Regeln, es ist sehr schwer, sich daran zu halten.

Wenn man den Text aber so umschreibt, daß die Trennstriche weg sind, dann ist vieleicht der Text nicht mehr gut. Das beste ist hier wieder mal der goldene Mittelweg, es muß gut aussehen, ohne daß der Text darunter leidet!

Sollten Sie allerdings extrem viele Trennzeichen haben, dann könnte es auch sein, daß Ihre Zeilenlänge einfach falsch ist. Zuwenig Zeichen pro Zeile führen automatisch zu extrem vielen Trennungen! Nie weniger als 36 und möglichst nicht mehr als 63 ist eine gute Faustregel.

Negativer Satz,
Satz auf Grau- und Farbtönen

DTP ist ein wunderbares Werkzeug, das uns viel Arbeit abnimmt und uns viele neue Gestaltungsmöglichkeiten eröffnet. Dazu gehört unter anderem auch der relativ leicht zu bewerkstelligende Einsatz negativen Textes, Satz auf Grau- und Farbflächen.

Weil dem so ist, möchte ich nicht versäumen darauf hinzuweisen, daß auch hier die grundsätzlichen typografischen Regeln gelten. Nur muß man sie den Gegebenheiten anpassen. Weißes auf Schwarzem neigt zum Flimmern oder Überstrahlen, das trifft besonders für Schrift zu. Deshalb sollte man negative Schrift ein bißchen lockerer setzen als positive. Bei manchen Druckarten ist es ratsam, negativen Text ein bißchen fetter zu setzen als den positiven Bruder. Also keine leichten Schnitte nehmen, sondern eher den »Book- bzw. Buch-Schnitt«.

Text auf grauen oder farbigen Flächen ist ein ganz besonderes Thema. Grundsätzlich gilt, ab einem Grauwert von mehr als 30% wird's kritisch. Ab 50% ist der Text besser schon negativ zu setzen, sonst kann man ihn nicht mehr lesen. Das gilt besonders bei »schlechten« Druckarten wie z.B. Buchdruck oder Tiefdruck. Bei Druckerzeugnissen, die im Tiefdruck realisiert werden, sollte man bei Grautönen größte Vorsicht walten lassen. Die sehen hinterher nie so aus, wie man sich das vorgestellt hat. Von dem Text, der draufsteht, ganz zu schweigen.

Kompliziert wird alles aber erst, wenn man in »Farbe« denkt. So wissen wahrscheinlich die wenigsten Menschen, daß Violett die dunkelste Farbe ist, die wir noch sehen können. Das muß stimmen, sonst würde man doch nicht soviel undefinierbaren schwarzen Text auf dunkelvioletten Flächen sehen! Gefährlich ist es auch, schwarzen Text auf gelbe Flächen zu setzen. Fährt der Drucker nämlich ein bißchen zuviel Schwarz beim Drucken, dann legt sich ein leichter Film über das schöne Gelb und schon sieht es krank aus. Gelb ist einfach eine sehr empfindliche Farbe. Trotzdem liebe ich gerade diese Kombination für besonders »laute« Schrift-Auftritte.

Dem Horrorkabinett entstiegen sind komplementäre Farbkombinationen. Grüner Text auf rotem Grund, Orange auf Blau oder Violett auf Gelb oder alle Abstufungen davon. Sie müssen notgedrungen flimmern. Am meisten flimmern sie übrigens, wenn beide Farben den gleichen Helligkeitswert haben, also nur Mut.

DIE SATZWEISE VON ZAHLEN

Am einfachsten reihe ich hintereinander, wie welche Zahlenart gegliedert wird. Es gibt nicht viel dazu zu sagen.

EINFACHE ZAHLEN:

12 345 678 Dreiergruppen von rechts

ZEITANGABEN:

12.30 Uhr oder 12.30 h

GELDBETRÄGE:

12,30 DM oder abgekürzt 12,– (mit Halbgeviertstrich!)

ANEINANDERGEREIHTE ZAHLEN UND TEXT:

2,5-kg-Dose zusammenhängen durch kurze Bindestriche

MASSE UND GEWICHTE:

12 345 kg ebenfalls in Dreiergruppen von rechts

TELEFONNUMMERN:

(0 89) 98 95 16 oder 089/98 95 16 Zweiergruppen von rechts

TELEFONNUMMERN MIT NEBENSTELLE:

(0 89) 98 95 1-234 oder 089/98 95 1-234

(Nebenstellen durch Divis trennen)

FAXNUMMERN:

Wie oben nur »Fax« vorangehend

TELEXNUMMER:

Tx 123456 abc d

(Nebenstellen durch Divis trennen)

BANKKONTEN:

1 234 567 Dreiergruppen von rechts

BANKLEITZAHEN:

BLZ 123 456 78

von rechts eine Zweiergruppe, dann zwei Dreiergruppen

BANKLEITZAHL UND BANKKONTO ZUSAMMENHÄNGEND:

(BLZ 123 456 78) 1 234 567

POSTGIROKONTEN:

123 45-678

von rechts Dreiergruppe mit Divis getrennt, dann eine Zweiergruppe und ganz links noch eine Dreiergruppe.

POSTFACH:

12 34 56 von rechts in Zweiergruppen

> *Merke: Versalzahlen fügen sich schöner ins Schriftbild ein, wenn man sie einen Punkt kleiner setzt!*

Tabellensatz

Tabellen sind nicht einfach zu setzen, aber es ist auch kein Zauberwerk. Am besten setzt man Tabellen mittels der »Tabulatoren«. Alle Tabellensatzprogramme sind unzureichend und zudem unnötig kompliziert.

Man skizziert sich die zu setzende Tabelle grob auf und gibt dann die erste Zahlenreihe ein. Nun setzt man je nach Bedarf die richtigen Tabulatoren, und fertig ist das Zauberwerk. Beschränken Sie sich bei der Auszeichnung, d.h., benutzen Sie bitte nicht so viele unterschiedliche Schriftarten und -grade! Und bitte, verwenden Sie keine Minuskelziffern (Mediävalziffern) beim Tabellensatz. Das sieht einfach grauenhaft aus. Dafür sind sie auch nicht gemacht!

Es gibt folgende Tabulatoren: linksbündig, rechtsbündig und zentriert, alle drei sind mit Füllzeichen kombinierbar. Zusätzlich gibt es noch den, der auf das Komma bzw. den Punkt bei Dezimalstellen springt. Mehr gibt's nicht, braucht's auch nicht.

Einen Tip, der die Lesbarkeit von Tabellen ungemein verbessert, möchte ich Ihnen noch geben. Man sollte nach jeder »fünften« Zeile eine Linie oder eine ähnliche Hervorhebung einfügen. Begehen Sie nicht den Fehler, nach jeder zweiten Zeile eine Linie einzufügen, das ist Schwachsinn. Sehen Sie sich Ihre linke Hand an, dann sehen Sie sofort warum! Den zweiten Finger von rechts oder den zweiten von links, den findet man ohne nachzuzählen.

Fünf ist bei Gruppierungen die magische Zahl! Lassen Sie sich nichts anderes einreden, alles Unfug. Am verrücktesten sind die Computerausdrucke, bei denen kilometerweise jede zweite Zeile grün unterlegt ist. Es wäre besser gewesen, gar nichts zu unterlegen!

Jaguar	Zebrua	Nerz .... Mandrill	Hai,
Linksbündig	Rechtsbündig	Mitte ...... Füllzeichen	Inter,punktion
So	geht	das.................ganz	1, fach
1	2	3.................4	5,
6	7	8.................9	10,0

GLOSSAR

ABSATZ
Ein Absatz findet auf dem Computer zwischen zwei Returns statt.

ANTIQUASCHRIFTEN
Das sind die Schriften, die sogenannte Füßchen (Serifen) haben. Diese Schriften sind in der Regel sehr gut lesbar.

AUSRICHTUNG
Linksbündig, rechtsbündig, zentriert und Blocksatz sind die vier wichtigsten Ausrichtungen, die Schrift haben kann. Linksbündig heißt, daß alle Zeilen links genau untereinander anfangen und rechts so lang sind, wie sie eben sind. Rechtsbündig ist dann genau das Gegenteil davon, also die Zeilen hören rechts alle genau untereinander auf. Zentriert ist ein Textblock, wenn die Mitten der Zeilen genau untereinanderstehen. Blocksatz bekommt man, wenn alle Zeilen gleich lang sind.

AUSZUG
Dasselbe wie ein Einzug, nur in die andere Richtung.

BLOCKSATZ
Satz, in dem alle Zeilen gleich lang sind, und die dadurch links und rechts einen geraden Rand bilden.

BOLD
Fette Schrift

BUCHDRUCK
Das ist eine Druckart, die immer seltener wird. Die druckenden Teile sind dabei seitenverkehrt und erhaben.

CONDENSED
Schmallaufende Schrift.

DICKTE
Das ist der Raum, den ein Buchstabe zum Atmen benötigt.

DISPLAY-SCHRIFTEN
Display-Schrift ist wieder mal so eine Wortkrücke aus dem Englischen, gemeint sind einfach große, herausragende Schriftgrößen.

DURCHSCHUSS
Der leere Raum zwischen Zeilen.

ENDSTRICHLOSE
Dasselbe wie eine Grotesk, nur ein älteres deutsches Wort.

FLATTERSATZ
Satz, bei dem alle Zeilen verschieden lang sind, der dadurch nur auf einer Seite einen geraden Rand bildet.

FORMSATZ
Text, der um eine meist unregelmäßige Form herumläuft.

GEVIERT
Ein Geviert ist die Schrifthöhe im Quadrat..

GRAUWERT
Von vielen »Gestaltern« wird Text nur als Grauwert betrachtet.

GROTESKSCHRIFTEN
Das sind die Schriften ohne Füßchen (Serifen). Ausgenommen sind alle Schmuck- bzw. Schreibschriften.

HAARLINIE
Eine sehr dünne Linie.

HALBFETT
Schriftschnitt zwischen normal und fett.

HALBTON
Anderes Wort für Schwarzweißfoto.

HEADLINE
Das englische Wort für Überschrift.

HERVORHEBUNGEN
So nennt man Auszeichnungen im Text wie z. B. fett oder kursiv.

HURENKIND
Die letzte Zeile eines Absatzes am Anfang einer neuen Seite.

INITIAL
Ein großer Anfangsbuchstabe.

ITALIC
Ein anderes Wort für kursiv.

KAPITÄLCHEN
Kleinbuchstaben, die aussehen als seien sie Großbuchstaben. Es gibt auch für DTP Schriften, die echte Kapitälchen haben!

KAPITELÜBERSCHRIFT
Die steht meistens oben auf der Seite und verrät dem Leser, in welchem Kapitel er sich gerade befindet.

KERNING
Das englische Wort für spazionieren. Es geht dabei darum, die Abstände zwischen den Buchsta-

ben möglichst optisch richtig hinzubekommen.

KONSULTATIONSGRÖSSEN

6, 7, 8 und in gewissem Sinne auch 9 Punkt Schriften. Man verwendet sie nur zum »Nachlesen«.

KURSIV

Das ist eine schräggestellte Schrift.

LAUFWEITE

Jede Schrift hat ihre eigene Breite, man nennt diese dann Laufweite.

LEERZEILEN

Wie der Name schon sagt, eine Zeile, in der nichts steht.

LESBARKEIT

Am lesbarsten sind Antiquaschriften. Ansonsten wird dieses Thema gerne überbewertet.

LESEGRÖSSEN

10, 11, 12, 14 und neuerdings sogar 16 Punkt. 9 Punkt wird zwar auch verwendet, gehört aber eigentlich noch zu den Konsultationsgrößen.

LINIEN

Haarlinien sind die ganz feinen. Danach gehts immer in Punktbzw. Zweipunktschritten. Oxfords und Cambridges nennt man die dünn fett kombinierten Linien.

LINKSBÜNDIG

Text, der auf der linken Seite eine gerade Kante bildet und rechts unregelmäßig lang ist.

MEDIÄVALZIFFERN

Arabische Zahlen mit Ober- und Unterlängen.

MITTELACHSE

Text, der an einer gedachten Mittelachse zentriert wurde.

NORMALSCHNITT

Normaler Schriftschnitt.

OBERLÄNGE

Die Teile eines Buchstabens, die höher als die Kleinbuchstaben sind.

OBLIQUE

Eine kursive Schrift.

PUNKTGRÖSSEN

Maßeinheit für die Bezeichnung der Schriftgröße. Es gibt zwei Sorten, den europäischen Punkt und das britisch-amerikanische Pica.

QUADRAT

Im typografischen Bereich die Grundform eines Buchstabens.

RAUHSATZ
So nannte man früher den unbehandelten Satz, der noch nicht genau spationiert wurde.

SANSSERIF
Englisch für Groteskschrift. Es bietet sich an zu glauben, es handle sich um einen französischen Ausdruck, aber nein, es ist eine amerikanische Verdrehung, sehr komisch das Ganze.

SCHRIFTART
Damit bezeichnet man den Stil einer Schrift.

SCHRIFTGRÖSSE
Die Höhe der Schrift.

SCHUSTERJUNGE
Die erste Zeile eines Absatzes als letzte Zeile einer Seite.

SERIFE
Die Füßchen der Antiquaschriften.

SPATIONIERUNG
Kleine »Spatien« (dünne Messing- oder Kupfer-Scheibchen), zwischen denen Bleibuchstaben stecken, um die Buchstaben und Wortabstände optisch feinzutunen. Man nennt das in Neu-DTP-Deutsch auch gerne »kerning«.

SPIEKERMANNSCHER LEHRSATZ
Gibt es bei zwei mit geringem Abstand nacheinanderfolgenden Zeilen auch nur jeweils eine Unter- und Oberlänge, so treffen diese beiden in 99 Prozent der Fälle aufeinander und überlappen mehr oder weniger.

TABELLEN
Zahlen- oder Wortreihen, die in Spalten untereinanderstehen.

TITELSATZ
Satz, der größer als, sagen wir mal, 18 Punkt ist. Die einen sagen, daß alles was größer als 12 Punkt ist schon Titelsatz ist, die anderen fangen erst bei 14˚ an, ich fange eben bei 18˚ an.

TYPOGRAFIE
Die Kunst, bzw. das Handwerk, mit Schrift zu gestalten.

TYPOGRAFISCHER PUNKT
Der deutsch-französische Didot-Punkt, 0,376 mm.
Der englisch-amerikanische Pica Point, 0,351 mm.

UNTERLÄNGEN
Das sind die Teile eines Buchstabens, die unter die untere Schriftlinie hinunterragen.

UNTERSCHNEIDUNGEN
Wenn der eine Buchstabe unter den anderen gerückt wird.

UNTERSTREICHUNGEN
Das ist eine Unsitte, die leider aus dem Gebrauch der Schreibmaschine in die Typografie übernommen wurde.

VERSALIEN
Großbuchstaben.

VERSALZEILEN
Zeilen, die ausschließlich aus Großbuchstaben gesetzt sind.

ZEILENBREITE
Die Länge einer Zeile.

ZEILENFALL
Meistens Zeilen-Un-fall. Der Zeilenfall einer Überschrift sollte sinnvoll sein. Die Zeilen sollten nicht an unsinnigen Stellen getrennt werden. Das und ein gutes Aussehen unterscheiden einen guten Zeilenfall von einem schlechten.

ZWISCHENRÄUME
Freiräume zwischen einzelnen Buchstaben und Wörtern.

XYZ-UNGELÖST
Die alten typografischen Maßeinheiten wie Cicero (12Punkt) und dergleichen sind heute nicht mehr wichtig. Deshalb möchte ich Sie damit auch nicht langweilen. Aber anstandshalber sei angefügt, daß es sich um ein Zwölfersystem handelte, das ungemein sinnvoll und praktisch war. Schade, daß es das nicht mehr gibt!